चंद शब्द जो बचे हैं

(काव्य संकलन)

अतुल कुमार

डायमंड बुक्स

www.diamondbook.in

© लेखकाधीन

प्रकाशक : डायमंड पॉकेट बुक्स (प्रा.) लि.
X-30 ओखला इंडस्ट्रियल एरिया, फेज-II नई
दिल्ली-110020
फोन : 011-40712200
ई-मेल : sales@dpb.in
वेबसाइट : www.diamondbook.in

Chand Shabd Jo Bache Hain
by : Atul Kumar

समर्पण

गुरुदेव स्व. जयनाथ नलिन, परम
पूज्य पिता स्व. ओम् प्रकाश मित्तल,
मेरी माताश्री एवं उन सबको,
जिनका प्यार मुझमें रचा बसा है।

अनुक्रम

चंद शब्द जो बचे हैं

मौत की दहलीज पर खड़ा सोचता हूँ मैं
शब्द लिखे थे जो नाम मेरे
सब चूक चुके हैं
नित्य करने में गुमान
जिस तिस को करने में बदनाम।

चंद शब्द जो बचे हैं
उनको लुटा मुहब्बत बिखेर दूँ।

जंजीरों से जकड़े सलाखों पीछे
सिर्फ यादों का दामन थामे
मौत को तक रहे हैं जो
कुछ उनमें

कुछ अपनों में
और वो जो नहीं हैं अपने
बोझिल जिंदगी जीते
मर चुके हैं जिनके सपने

मौत की दहलीज पर खड़ा सोचता हूँ
चंद शब्द जो बचे हैं
उनको लुटा मुहब्बत बिखेर दूँ
बस ।

चंद शब्द जो बचे हैं

हाँ, मैं हिन्दू हूँ

हाँ, मैं हिन्दू हूँ
कोटि-कोटि देवताओं का करता मान
बजरंगबली का करता गुणगान
राम भक्त, कृष्ण भक्त,
शिव भक्त, देवी भक्त,
या फिर अभक्त
हाँ, मैं हिन्दू हूँ।

सुबह-सुबह मुझे नींद से उठाती
मुझ में एक विश्वास जगाती
मधुर लगती मुझको
मस्जिदों से गूंजती अजान
हाँ, मैं हिन्दू हूँ।

साँझ समय
जगमग गिरिजाघर
मुझे बुलाते
शांति का पाठ सिखाते
सूली पर लटके ईसा देते

मुझ अज्ञानी को ज्ञान
हाँ, मैं हिन्दू हूँ।

यहूदी, पारसी, बौद्ध, सिख
सब लगते मुझे एक समान
हाँ, मैं हिन्दू हूँ।

तुम मेरा धर्म बदलो
मैं तुम्हारा धर्म बदलूँ
क्यों?
हम सब तो मानव हैं
गिरिजाघरों में करें प्रार्थना
मस्जिदों में नमाज पढ़ें
मंदिरों में करें पूजा
या गुरुद्वारों में अरदास करें
कहाँ कुछ अंतर पड़ता है?
गर हम अपने दिलों को साफ़ करें।

अल्लाह, ईसा, वाहेगुरु या भगवान
नहीं बनाया किसी ने
ईसाई, हिन्दू, पारसी या मुसलमान
पैदा किया सबने
इंसान, केवल इंसान।

सो लिए बहुत हम सब
आओ अब मिल जाग जाएँ

धर्म के ठेकेदारों को
वापिस उनके घर भेजें

एक दूसरे का हाथ पकड़
आओ सब गीत गायें
आओ सब गीत गायें।

सवाल

सवाल
मेरी या तुम्हारी जीत का कभी था ही नहीं
पर हम
ता-उम्र
अपनी-अपनी हार को ले
फिक्र करते रहे
या दूसरों को हरा
जीत का जश्न मना
उसका जिक्र करते रहे।

सवाल तो
हमेशा था
हमेशा रहेगा
हमारी संगठित
जीत या हार का।

शब्द और चेहरा

क्यों होता है जरूरी
शब्दों के साथ चेहरा जोड़ना
शब्दों का अर्थ
निकलने से पहले
लोग ढूँढ़ने लगते हैं
शब्दों के पीछे छिपा चेहरा
और निकालने लगते हैं
अर्थ अनर्थ
उस चेहरे से
छिप जाते हैं शब्द
उभर आता है शब्दों से जुड़ा चेहरा।

काश!
चेहरा-विहीन
सिर्फ शब्द तैरते हवा में
और लोग पढ़ते
सिर्फ शब्दों को
निकालते अर्थ-अनर्थ
केवल शब्दों से।

भीड़ और सच

यह जो भीड़ है
हर एक के हाथों में हैं
ईंट-पत्थर
इंतजार में
कब किसका झूठ पकड़ें
और दे मारें
उसे ईंट या पत्थर

लेकिन
भ्रमित ना होना
ए दोस्त

सार्वभौम सच
सर्वहित सच
जो तुम बतलाने निकले हो
भीड़ के
सबके
निशाने पर
अब
केवल तुम हो

क्योंकि जानती है भीड़
कि तुम्हारा सच
गिरा देगा नकाब
सब चेहरों से
पकडे जाएंगे सबके झूठ
एक साथ

कैसे बचोगे
ईंट-पत्थर बरसाते
हजारों लाखों
हाथों से

लौट जाओ
भीड़ को छोड़
उसके हाल पर

हाथों में ईंट पत्थर ले
एक दूसरे पर
प्रहार करने की फिराक में

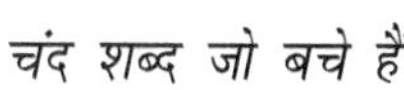

अभिमन्यू और चक्रव्यूह

महाभारत एक धर्म-युद्ध
महान् योद्धा
एक से एक वीर, शूरवीर
अधर्म ने अचानक रच दिया एक चक्रव्यूह
धर्म निरूत्तर, निस्सहाय

एक निरीह बालक
जान
निश्चित हार, निश्चित मौत
माँ-पेट में ली शिक्षा से प्रेरित
बोल उठा
'मैं अभिमन्यु
भेदूँगा यह चक्रव्यूह
मात-पिता, गुरुवर, बड़ों को
मुझ बालक का आखिरी प्रणाम'

सभी किंकर्त्व्यविमूढ़, भौचक्कित
रोक न पाया कोई
वह सर्वोपरि बलिदान

आज चारों ओर
चक्रव्यूह ही चक्रव्यूह
हारे हुए त्रस्त लोग
एक-दूसरे में
ढूंढ़ रहे
अभिमन्यु।

मैं

मेरा मैं–
जीवन के मोर्चे पर,
करता अविराम युद्ध,
युद्ध की थकान हरने को,
होता है जब तब विलास लीन
मेरा मैं नहीं है वह।
यह सब तो मेरी जायदाद है– मौत के नाम।

मुझ में जो
कीचड़ की गलियों में खेलते बच्चों की गाथा सुन
बिसूरता है,
अंधे को एक आँख देने की कामना ले
मुझ से जो जूझता है,
कीड़ी कुचल जाने पर
मुझ को कुचलता है– खूँदता है
शीतल एक छवि बसा नैनों में
मधुमग्न पलकें मूँद लेता है–
वही सही मैं हूँ।

अपने उद्भव का अज्ञान स्वीकारता हूँ
मेरा मैं मिटेगा नहीं
निश्चित यह जानता हूँ।

रहूँगा चिरन्तन मैं
अपने ही पुत्र में
या किसी मित्र में
पीढ़ी दर पीढ़ी।

एक सीधी सड़क पर

एक सीधी सड़क पर चला करते थे हम
थोड़ी ऊबड़-खाबड़
कुछ कच्ची, ज्यादा पक्की
इधर-उधर पेड़ों की छायाएं
और ऊपर चमकता सूरज
एक सीधी सड़क पर चला करते थे हम
नहीं था सरोकार
कि फैली हैं चारों तरफ
टेढ़ी-मेढ़ी पगडंडियां
भूल-भुलैयां
जिन पर चलते हैं लोग
जिन से होकर गुजरते हैं लोग
एक सीधी सड़क पर चला करते थे हम।

एक दिन हो आश्वस्त
कि यह सड़क तो हमारी है
बखूबी जानी-पहचानी है
चलो झांक आयें जरा
उन तंग पगडंडियों में भी

चंद शब्द जो बचे हैं

जिन पर चलते हैं लोग
जिन से हो गुजरते हैं लोग
हम बदलते रहे पगडंडी पर पगडंडी
विश्वस्त कि शीघ्र लौट जायेंगे
अपनी सड़क पर
जब चाहेंगे

हम बढ़े गये बढ़े गये
पहुंच गये ऐसे स्थान पर
जहाँ कहा
बहुत हुआ
अब लौट चलें पुराने मुकाम पर
पर याद्दाश्त दे चुकी थी जवाब
भटके, खोजा, जाना
वापिस ठिकाने पर पहुंचना था नामुमकिन।

यह है किस्सा दोस्त
कि घुमावदार पगडंडियों पर चल रहें हैं हम
इन से हो गुजर रहे हैं हम
सहारे एक धुंधली याद के
कि कभी एक सीधी सड़क पर चला करते थे हम।

मुर्दों का शहर

यह भी एक शहर है
मुर्दों से बसा
मुर्दे जो नहीं बिल्कुल मुर्दा
एक आंख खोल झांकते रहते हैं
आसपास, यदा कदा

नाक से बहते पानी को
खुले मुंह में जाने से रोकने को
उठते नहीं इनके हाथ
अपने ही मल-मूत्र में लिपटे पड़े रहते हैं
दिन-रात
फेंक पत्थर
इधर-उधर
पर बदल लेते हैं करवट
अपना गोश्त नोचते कौवे को हटाते नहीं
पड़ोस में दावत करते गिद्ध को देख
फूले समाते नहीं
किलकारी सुन कराहते हैं
कराह सुन मुस्काते

हो आक्रोश का अंधड़ कोई या सुरीली तान
सर्वदा बंद हैं इनके कान
हो झोंका ठंडी हवा का
या गोलियों की सरसराहट
इन्हें क्या
ये तो हैं मुर्दा।

यह भी एक शहर है
मुर्दों से बसा
मुर्दे, निरे मुर्दे
जो नहीं बिल्कुल मुर्दा।

धंधा

मेज के ऊपर
मिली
आंख से आंख
मेज के नीचे
हाथ से हाथ।

रातों में बिकीं औरतें तो क्या
दिन की रोशनी में
देखो
मर्दों ने धंधा किया।

आज फिर हम बच्चे हो जायें

मैं हूँ साठ साल का और तुम छप्पन की
चलो भूल उम्र अपनी-अपनी
हम थोड़ा तुतलायें
आज फिर हम बच्चे हो जायें!

उतार अहं का टोकरा सिर से
पटक परे गिले शिकवों को
हल्के-फुल्के होकर फिर से
गीत गायें गुनगुनायें
चलो आज फिर हम बच्चे हो जायें!

भाग-दौड़ में फंस बुरे हुए हम
बुराइयों को अब दूर भगाकर
अच्छा करें अच्छा सोचें
हम अच्छे हो जायें
चलो आज फिर हम बच्चे हो जायें!

दुनिया की आपा-धापी में
कितने पक चुके हम?

उन पकी आदतों को भुलाकर
नरम कच्चे हो जाएँ
चलो आज फिर हम बच्चे हो जायें!

झूठ-फरेब का ले सहारा बड़े हुए हम
अब उससे सब नाता तोड़
सच बोलें सच अपनायें
हम सच्चे हो जायें
चलो आज फिर हम बच्चे हो जायें!

हम षड्यंत्रकारी

हम षड्यंत्रकारी
जैसे जीतने को आतुर खिलाड़ी
पत्ते फेंटते
मूंछें ऐंठते
मगर पत्ते
एक अदृश्य व्यवस्था में बंधे-बंधे
आगे पड़ा मुकद्दर समेटते।

संदेश

अक्सर वे धंसी हुई आंखें,
झुकी कमर, सफेद बाल,
कंपकंपाती हड्डियां और सिकुड़े सिमटे गाल
मुझे अभिभूत कर देते हैं,
और मैं अस्तित्वहीन हो जाता हूं।
पर मुझे हो पाता नहीं
गौतम का सा विराग
बल्कि मेरा ज्ञान
(अंधेरे की क्यारी में उगेंगी आलोक की फसलें)
दे जाता है मुझे
नवचेतना, नवउत्साह और नवानुराग।

मैं पढ़ लेता हूं
बढ़ापे के दुःख में लिखा
मृत्यु के सुख का संदेश
और भय-विहीन होकर
जिंदगी में खो जाता हूं।

जीवन यात्रा

हमारी जीवन यात्रा
जैसे
पांच वर्षीय बच्चा
पुस्तक के पन्नों को पलटता है
कुछ नहीं समझता है
फिर भी
गोल-चपटी
लंबी-छोटी
टेढ़ी-मेढ़ी
आकृतियों को देख-देख
एक संतुष्टि भाव
उसकी
आंखों में उभरता है।

नौकर

यह है बेचारा नौकर
मेरा, आप का, किसी का भी।

जब हम साहब, सरकारी, सभ्रांत लोग
करते हैं बातें साहित्य, धर्म, दर्शन की
मारते हैं डींग राजनीति की,
लगती है महफिल बुद्धि-कौशल प्रदर्शन की
यह तब स्टोव जलाता है
चाय या कॉफी बनाता है
समोसे, पकौड़े, बिस्किट, काजू परोसता है
चाय या कॉफी पिलाता है।

गरमागरम चाय और कॉफी की चुस्कियों से
गरमागरम ज्ञान के उफान,
उफनते अभिमान, खौलते दिमाग
सब ठंडे हो जाते हैं

और हम
मानवीय समता के गायक
बुद्धिजीवी
समाज संरक्षक
राष्ट्र विधायक
आराम से
पैर पसारकर सो जाते हैं।

झंडे और बंदूकें

वे आये
और हमारे हाथों में
एक झंडा
थमा कर चले गए
दे गए मुंह में एक नारा

फिर कुछ और आये
अपने साथ लाये
दूसरा झंडा
दूसरा नारा

फिर
तीसरा झंडा
तीसरा नारा

वे आते गए
लाते गए
झंडे
हरा

पीला
नीला
लाल
चाँद के निशान वाला
सूरज वाला

देते गए नारे
जय जवान
जय किसान
गरीबी दूर करेंगे
अन्याय नहीं होने देंगे
भ्रष्टाचार दूर करो
लोकपाल-लोकपाल
दूर करेंगे सब बवाल
....

हम अपनी आग निकालते रहे
झंडे उठाते हाथों से
बुलंद आवाज
गूँजते नारों में

हमारे घरों में चूल्हे
ठन्डे ही रहे
आग को तरसते

अलग-अलग झंडे
अलग-अलग नारे
ले
हम आपस में लड़ते रहे
अपनी-अपनी आग से
एक दूसरे को जलाते रहे

और वे
जो हमें
थमाते रहे झंडे
देते रहे नारे
छिप-छिप मिलते रहे
आपस में हाथ मिलाते रहे
हमारी आग से
अपने नरम बिस्तरों को
गर्माते रहे

यह सब देख
कुछ और आये
और थमा गए
हमारे हाथों में
बंदूकें

हमारी आग से
दब उठे
बंदूकों के घोड़े
पर
हमारे
चूल्हे
फिर भी
ठंडे ही रहे

हमारी आग से
झंडों और बंदूकों वाले
अपने-अपने चूल्हे और तंदूर
जलाते रहे
चलाते रहे

हमारी आग से
जल सकते थे
हमारे अपने घरों के चूल्हे
पर
हम उल्लू बनते रहे
वे
झंडे और बंदूकें थमा-थमा
हमें
उल्लू बनाते रहे

मृत्यु गीत

वीरान। प्रज्वलित शमशान।
वह परमशिक्षक कह रहा है
'मानव–मानव की समता का
संदेश निरंतर बह रहा है।'

मैं चकित
कितना स्पष्ट गीत!
सुरीला संगीत!
फिर भी
लघु अहंता का
अस्तित्व क्यों नहीं ढ॒ह रहा है?

पेड़

पेड़
हम तुम्हारे आगे नत हुए
तुम
जो किधर भी नहीं बढ़े
अपनी ही धरती को जकड़े
वहीं खड़े-खड़े
अंदर ही अंदर उगे गये
उन्नत हुए।

दिशा-अंतर

जीवन की दौड़ में मेरे सब साथी
मुझसे आगे निकल गए हैं।
उन्होंने जिंदगी से समझौते किए
और सहर्ष सब कुछ त्यागते रहे
प्यार, ईमान, जिनके साथ यहां आए थे।
मैं जुटा न पाया इतना साहस,
इसीलिए सबसे पीछे खड़ा रह गया।

लेकिन देखो!
मैंने फेर लिया है अपना मुंह,
प्रलोभन, विलास, आत्मविक्रय से
इसलिए सबसे आगे हूं कतार में।

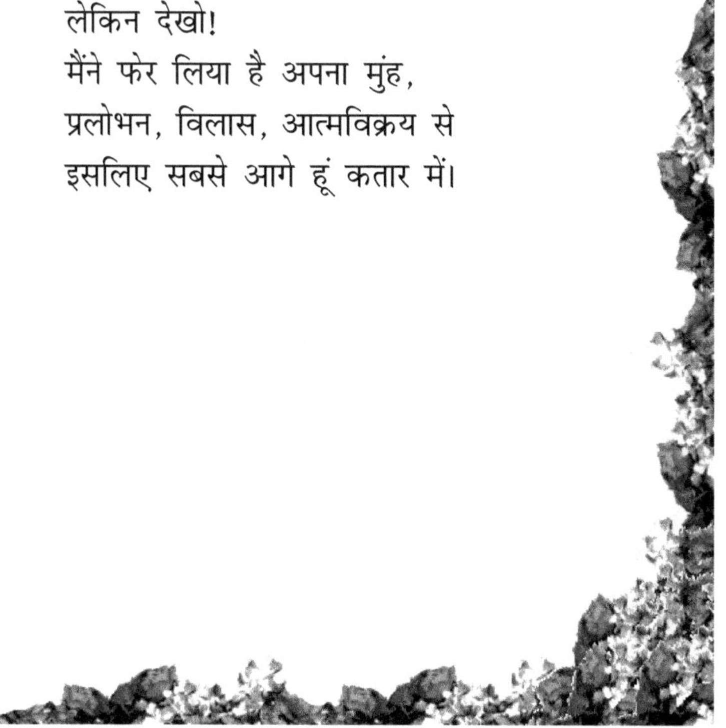

लाइलाज दर्द

कुछ दर्द ऐसे हैं
स्वयं इलाज बन आते हैं
सहने की शक्ति दे जाते हैं
मसलन
सर्द झोंके का स्पर्श,
कंकड़ की चुभन,
पेट की ऐंठन।

दर्द वे भी हैं जो
सब्जी में नमक तेज हो जाने से
या कार में घुमाने न ले जाने से
यों ही पैदा हो जाते हैं
अक्सर दब जाते हैं
पर
जब-तब फिर उभर आते हैं
लाइलाज।

पेड़ों को क्या मालूम

पेड़ों को क्या मालूम
उनकी दुनिया के बाहर
साफ नजर आता है
ऊंचाइयों की ओर चढ़ता
ढलानों पर मचलता
वृक्ष-सूमह
नीचे समतल पर सीधे खड़े पेड़ों को
झुक-झुक सलाम बजाता है।

सागर-अस्तित्व

तुमने देखा
दृष्टि की सीमा तक नीले पानी का विस्तार
रह-रह सिर उठाते
रश्मियों से सतरंगी छटा चुराते
लहरों के लघु-लघु उभार
चांद-सूरज का अधिकार
कभी भाटे कभी ज्वार
तुमने कहा
अहा! सागर
सबने देखा, कहा:
हां, सागर
वाह! वाह! सागर, सागर
तुम खुश थे, सब खुश थे
कि सागर से परिचित हुए

लेकिन मैं सागर
छिपा रहा
नीचे, बहुत नीचे
जमीन से लगी

पानी की सतह में
जो है दृष्टि से सदा ओझल
नहीं जहां हवाओं का भी कोई दखल
निस्तरंग, निरपेक्ष, नि:शब्द

सतही अभिव्यक्तियों का ढ़ोते हुए भार
मेरे अस्तित्व का वह आधार।

आंखें

रात भर तो आंखों ने
कुछ नहीं किया
पर प्रात: वेला में
उस मूक मिलन को
एक अनबूझा स्वर दिया।

एक पल की जिंदगी

तुम हो नितांत द्रव्य
एक जलराशि
निर्बाध निर्मल निर्गंध
हवा को निरंतर देतीं दान
वाष्पकण
नित्य नये दर्शन।

मैं
तुम्हें, केवल तुम्हें पाने को
आतुर, उत्सुक, उत्कंठित
निज समर्पण कर
तुम्हारे ही अन्दर
डूब रहा उतरा रहा हूं
ले जब तब कोई सम्बल
लेकिन तुम
जो द्रव्य हो, तरल हो
फिसल-फिसल जाती हो
पकड़ से निरंतर निकल जाती हो।

एक पल की जिंदगी

मैं छटपटाता
हाथ पांव चलाता
जब चूर-चूर हो जाता हूं
तब दर्शन शास्त्रों के सहारे प्राण अटकाये
वाष्पकण भर सीना फुलाये
(वो भी दया तुम्हारी है)
लोग
मेरे हमदर्द
रबर ट्यूबें मुझ तक पहुँचाते हैं
मेरे प्राण बचाते हैं
ट्यूबों के सहारे दम लेता मैं
जीवन-विहीन
(क्योंकि बार-बार असफल हो
फिर-फिर तुम्हें मुट्ठियों में जकड़ लेने का प्रयत्न
उस से उत्पन्न
वह अजीज तड़प
वही तो जीवन है।)

करता हूं इंतजार
उस एक पल का
जब फिर तुम्हें पकड़ने को जूझता मैं
मुट्ठी में भर तुम्हें
(क्षण भर के लिए सही)
डूबने को हो तत्पर

खोलूंगा नहीं मुड़ी उंगलियां
तैरते रहें आसपास कितने ही तख्ते, रबर ट्यूबें
पुकारती रहे जिजीविषा
मुझे इंतजार है लगातार
उस एक पल की जिंदगी का।

मैं और मेरी कविता

सालों बाद
आज बहुत सालों बाद
एक बार फिर
मुझे अपनी कविताओं की याद आई
और मैं लगा पलटने
अपनी पुस्तक के पन्ने

पन्नों से निकल-निकल कविताएँ
मेरी कृतियाँ
लगीं कसने फब्तियाँ
कहो कवि,
कैसे हो? क्यों आई फिर हमारी याद
इतने सालों बाद?
हमें कर पुस्तकबद्ध
हो गए थे तुम निश्चिन्त
वाह-वाह लूटी, शाबाशी पाई
आज तुम एक सफल व्यवसायी
भरा-पूरा परिवार
दोस्त हजार

क्यों अचानक आज फिर हमारी याद आई?
कहो, कवि भाई

कुछ तो मुझे शर्म आई
हाँ, मुझे अभिमान था
कवि होने का गुमान था
कहते थे लोग
'जहाँ न पहुँचे रवि, वहाँ पहुँचे कवि'
'शब्द हैं तलवार से अधिक समर्थ'
मेरी कविताओं से निकलेंगे शत-शत अर्थ
कविताओं से मैं पता नहीं क्या कर दूँगा
समाज का चेहरा बदल दूँगा
हाँ, मुझे अभिमान था
मेरी कविताओं
तुम पर मुझे बहुत गुमान था।

सही है कि मैं तुमसे लम्बे समय तक दूर रहा
गृहस्थाश्रम में कुछ मजबूर रहा
सही नहीं कि मैं सफलता में ऐंठा था
तुमको भूल बैठा था
'मैं एक कवि हूँ' मुझे सदा ध्यान आता रहा
तुम रहीं मेरी प्रेरणा सर्वदा
कर्म-क्षेत्र में भी मैं कवि-धर्म निभाता रहा।

हाँ, मैं एक सफल व्यवसायी
पर आज फिर तुम्हारी याद आई
आज मुझे अपनी तुच्छता का ज्ञान है
चेहरे बदलना नहीं इतना आसान है
लो, पुनः मैं तुम्हारे पास हूँ
अब फिर
होऊँगा मैं और मेरी कविताएँ होंगी
युग बदले या न बदले
कुछ तो नवीनताएँ होंगी।

जिजीविषा

फुटपाथी भूखे बूढ़े को देख
रोया था जब मैं
एक अधमरी चीख मार
तब आंखों में प्रतिबिम्बित हुए थे तुम
पर मैंने आंसुओं को पोंछ दिया।
प्रेमिका के बाहुपाश में कसा
सोया था जब मैं
तब भी मिले थे तुम
लेकिन तुम्हें पाकर भी खो बैठा।
मां को कर अर्पित अग्नि लपटों के
वेदना के दंश में
खोया था जब मैं
तो शून्यता में खिले थे तुम
पर थकाहारा
मैं चौबारे पर लौट आया।
सागर में बदन भिगोया तो था मैंने
(वहां विस्तार तुम्हारा)
पर डूबने से कतरा कर
भय खाकर
किनारे पर लौट आया।

प्रजातंत्र

आसमान पर कब्जा कर
इक्का-दुक्का लोग
यहाँ-वहाँ
मुट्ठी भर
दाने बरसाते हैं
धक्का-मुक्की कर
उन दानों को बीन
चूल्हा जलाते
लोग
आसमान को सराहते हैं।

गुलामी और आजादी

गुलामी और आजादी के बीच बहुत अंतर है
हाँ, गुलामी और आजादी के बीच बहुत अंतर है।
गुलाम कौम के ख्यालात भी गुलाम होते हैं
कोई एक बोलता है
'इंकलाब जिंदाबाद'
तो उसके पीछे
सैकड़ों, हजारों, लाखों
बिना ज्यादा सोचे समझे
चिल्लाने लगते हैं
'इंकलाब जिंदाबाद'
'इंकलाब जिंदाबाद'

आजादी की बात ही कुछ और है
आस पास अन्याय होता देख
(अन्याय तो होता ही रहता है)
कोई एक बोल उठता है
'इंकलाब जिंदाबाद'
उसके पीछे कोई आवाज नहीं उठती
आजाद लोग

आजाद ख्यालों से
सोचते हैं
अपना-अपना नफा-नुकसान
'इंकलाब जिंदाबाद'
बन नहीं पाता कोई नारा
रह जाता है एक दो जुबानों से
निकली बड़बड़ाहट

सचमुच
गुलामी और आजादी के बीच
बहुत अंतर है
गुलामों और आजाद लोगों के बीच
बहुत अंतर है।

इतिहास कटघरे में

आज दु:खी मन से
मैं
एक अदना मानव
लोग पड़े समझते रहें
खुद को ताकतवर
नेता
भाग्य-विधाता
लेकिन समय के उच्छ्वास
तुम इतिहास
तुम तो जानते हो
कितना बौना है आदमी
कितने नासमझ हैं लोग।

हाँ,
तो मैं एक अदना मानव
आज दु:खी मन से
माँगता हूँ कुछ जवाब
तुमसे इतिहास

क्यों होते रहे युद्ध इतने
क्यों करते रहे हम दंगे?
क्यों मिटाता रहा
मानव
मानव के खून से अपनी प्यास?
जवाब दो इतिहास।

धरा में तो बहुत हुआ
धरा ने तो बहुत दिया
पर छीन दूसरों का निवाला
क्यों भागता रहा आदमी बद्‌हवास
जवाब दो इतिहास।

आदमी ही
आदमी-आदमी में फर्क करता रहा
सब रहे आम
और कुछ हो गये खास
चुपचाप मुस्करा
तुम देखते रहे
इतिहास।

मसली जाती रहीं अबलाएं
कुचली जाती रहीं बालाएं

पौरूष के मदातिरेक में
होते रहे राक्षसी अट्टहास
मुंह फेर खड़े रहे
तुम
अरे निष्ठुर इतिहास।

आज
जिस तिस पर अंगुली नहीं उठेगी
अनजान थे वो
जो बन तुम्हारा मोहरा
फैलाते रहे घृणा
बांटते रहे मनों को
मनुओं को
दिन रात
करते रहे सिर्फ बकवास
तुम देते रहे प्रेरणा उन्हें
ओ गंदे इतिहास।

आज कटघरे में तुम हो
केवल तुम
और एक अदना मानव
माँगता है तुमसे
तुम्हारे पापों के हिसाब।

'हाँ, मैं हूँ निर्दयी
मैं हूँ पापी
मैं मनमानी करता रहा
पर रे मानव
स्वीकार करता रहा क्यों तु मुझ को
और यह सब... ?'

तो सुनो इतिहास
सुनो
इस अदने मानव की ललकार
समय का श्वास
प्रकृति चाहे जो करे
पर समय के उच्छ्वास
तुम
अब मनमानी न कर पाओगे
मैं एक मानव
हम सब मानव
प्रफुल्ल चित्त
हो संकल्प-शील
एक नया युग लायेंगे
लिखेंगे इतिहास नया
इतिहास हम तुम्हें नहीं दोहरायेंगे।'

चंद शब्द जो बचे हैं

सफेदी

आज फिर–
मेरे कमरे की दीवारों पर
पुताई हुई है।

बच्चों द्वारा की गई चित्रकारी
पत्नी की लापरवाही से गिरायी गई
सब्जी के निशान
दोस्तों द्वारा झाड़ी गई
सिगरेटों की राख
और हल्की काली पर्त में बिछा
समय का अभिमान
सब को आत्मसात् कर
एक बार फिर सफेदी मुस्करा रही है।

ठीक जैसे बार-बार
मेरा मन
हरेक रात
विश्लेषण की तूलिका से नवस्पर्श देता है
कल्मष कलंक धो के
फिर से पवित्र हो जाता है।

वृत्त का शून्य

आज वृत्त को पहचान गया हूँ
ठीक ऐसे
जैसे धरती बीज में छिपी शक्ति को पहचानती है।
मैं भी जान गया हूँ
जारी है वृत्तों का एक अजब खेल
खेल रहे हैं हम सभी।

विभिन्न गुणों दुर्गुणों के मिश्रण से उत्पन्न
असंख्य नाम
एक नाम एक व्यास
इन व्यासों पर निर्मित ये वृत्त
प्रतिपल अपनी संख्या को सीमित रखते हुए
हम प्राणियों की संख्या के समान।

हरेक वृत्त
अन्य वृत्तों की परिधि को छूता हुआ
हरेक वृत्त
स्वयं में पूर्णता का अहसाय लिये हुए।
फिर भी मुझे बाँध नहीं पाया

कोई एक वृत्त।
सीमा के बाँध सभी तोड़ दिये
तीव्र अग्रसरण – अभिलाषा ने
और मैं एक वृत्त से दूसरे पर
छलांगे लगाता हुआ
आसक्ति, स्नेह, स्वार्थ, नफरत के
कितने ही वृत्तों के बीच से गुजरता हुआ
परोत्कर्ष, परहित, परमंगल के वृत्तों में
सहसा फँसा बन्दी बना।

पर हाय! यही तो अंत नहीं
उनकी भी सीमा तोड़
बढ़े गया, बढ़े गया, बढ़े गया–
पाया तो सभी वृत्त सूने हैं
उपलब्धि है मौन मात्र,
लोग कहते हैं,
मैं पुनः यथार्थवादी हो गया हूँ
परन्तु मैं– केवल मैं ही जानता हूँ
मैं हूँ एक नितांत बेबस प्राणी
क्रूर काल की नीरवता
पल-पल लील रही है मुझे।

मुट्ठी भर रेत

प्रात: थी जो भीगी-भीगी
(अनुकम्पा थी ओस की)
मैं वह मुट्ठी भर रेत हूं
मैंने कब चाहा था
मैं सूखूं
सूख-सूख टूटूं, बिखरूं, छितराऊं
पर इस हृदयहीन दिन ने
कब, किसकी सुनी?
उड़ा ले गया नमी
अब सांझ के धुंधलके में
(नहीं बह रहा कोई सोता नजदीक)
बिखरा पड़ा है
मेरा कण-कण
और यह चुभीला अथाह दर्द
पर इस टुकड़े-टुकड़े बिखराव में भी
उजागर हो आई है
मेरी अपनी पहचान।

आज प्रातः

ठक्... ठक्... ठक्...
दरवाजे पर है दस्तक
कौन आया है
क्या संदेशा लाया है?
उत्सुक-उत्तेजित हूं
भावातुर-पुलकित हूं
कैसा होगा आगत का रूपाकार
मधुर मिलन में कितना रस-संचार
आपस में होंगे क्या-क्या वादे,
भूल चुका हूं पिछली सब यादें,
भरा है बस एक उछाह
इस उछाह से ही
आज प्रातः मैं प्रेरित हूं।

वे कुछ क्षण

नील सरोवर में कर स्नान
गुलाबी देहयष्टि पर लपेटे नील परिधान
वह नवयौवना
चली जाती, मुस्काती
रुक-रुक कनखियों से टोह लगाती
होंठों पर भला-सा गान।
छिपा हुआ मैं देखता ठगा-सा
परिवेश से निरा अनजान
प्रफुल्ल चित्त
मेरा 'मैं' विसर्जित
चेतन मन में अंकित
केवल वह मुस्कराहट,
भली-सी गुनगुनाहट,
नहीं जिसे कोई पकड़ सकता।

धीरे-धीरे आंखों से ओझल हो जाती है
शायद शिलाओं के पीछे अज्ञात में,
समय ठहरता नहीं है!
पर प्रेरित कर जाते हैं वे कुछ क्षण

धरती पर लौट पुन:
उसे पाने का ले विश्वास
युगों युगों तक चट्टानों पर करता प्रहार
मेरा अश्रान्त मन।

शाम के इंतजार में

हर सुबह से शाम तक

और शाम से फिर शाम तक

मुझे शाम का इंतजार है

नहीं इसलिए कि

कुछ आराम पाती हैं थकी मांसपेशियां

या कि मुझे पसंद है सूरज को डूबते देखना

मधुर लगता है पंख फड़फड़ाते पक्षियों का कलरव

न ही शाम से जुड़ी हैं कोई यादें

न करती है छोटी बच्ची की तुतलाहट बेकरार

पर इसी सब के बीच

आकर गुजर जाता है एक क्षण

जब मैं तुम्हें देख पाता हूं

कहीं बहुत नजदीक से

और उसी देख पाने की लालसा में

फिर शाम तक

गुजारता हूं एक रात

एक दिन

शाम के इंतजार में।

रात एक वास्तविकता
दिन एक तथ्य
अलग उस एक क्षण से।

कितना अच्छा होता!
तड़पती हैं इच्छाएं
रात मिल जाती शाम के साथ
पर जानते हो न तुम
डूबता सूरज देख पाने के लिए
जरूरी होता है
भरी दोपहर से गुजरना
और नहा पाऊं मैं
बाहर आंगन
दोपहर की खिली धूप में
इसके लिए जरूरी है
कि अलग हो शाम
रात अलग हो।

सच मानो
मैं जीता हूं दिन
जीता हूं रात
शाम के इंतजार में।

बचपन

आज
सूरज मुस्काया
पक्षी चहके
हवा में मस्ती आई
पेड़ खिले
पौधे झूमे
सागर उमड़े
शंख बजे
बादलों ने
खुशियाँ बरसाई।

चाँद चमका
फूल महके
नदियाँ लहराई।

मनोहर कृष्ण के मुख पर
थिरकी मुरली
मेरे बचपन ने मुझ में
आज फिर
ली अंगड़ाई।

लकड़ी का टुकड़ा

जग एक अथाह सागर
मैं किनारे फेंका गया
लकड़ी का एक छोटा टुकड़ा
सदैव गतिमान वक्त की लहरें
मुझे बहा आगे ले जाती हैं
लहरों के साथ नाचता हुआ
इतराता हूं, इठलाता हूं
उनकी छाती पर चढ़, पीछे देख
बार-बार गर्व से सीना फुलाता हूं
फिर ला पटक दिया जाता हूं
उन्हीं लहरों के द्वारा
वहीं।

रोता हूं, झींकता हूं
मन को मसोसता हूं
किस्मत को कोसता हूं
अक्सर मैं सोचता हूं
क्या मैं केवल एक लकड़ी का टुकड़ा हूं?

शिखरों की ओर

ऐ शिखरों की ओर ताकने वाले दोस्तो,

कितना लुभावना आमंत्रण यह!

ऊपर से नीचे देखना

अपने को ऊंचा लेखना

मगर वहां बर्फानी थपड़े ही मिलेंगे

बने रहो मैदानों में, घाटियों में

सुमन यहीं खिलेंगे।

व्यक्ति पूजा

हमें आवश्यकता हुई
शोभा की
सुगंध की
स्वयं पर विश्वास किया
सूंघा, देखा-भाला
अच्छा सा गुलाब एक छांटा
जूड़े में खोंसा
बटन में टांका
अपनाये रहे
जब तक पुष्प न मुझर्झाया।
हमने गुलाब को केवल गुलाब ही जाना
हर गुलाब की गंध को पहचाना
सराहा
अपनाया।

हमें प्रेरणा चाहिए थी
सरसरी निगाह डाल
यों ही एक नाम से अपने को चिपकाया
चिपकाये रहे
गुलाब से चम्पा-चमेली की भी उम्मीद लगाये रहे

कुंठित कर अपनी प्राण-शक्ति को
पूजते रहे केवल व्यक्ति को
प्रसन्नचित दुर्गन्ध भी सूंघते रहे
पुष्प तो कई खिले थे
जड़तावश
हम ही दृग मूँदते रहे।

साइबेरिया की बत्तखें

साइबेरिया की बत्तखों!
असह शीत से अकुला कर
किया तुमने असीम शक्ति का संचय।

फिर निस्सीम में पंख फैला कर
नीचे शस्त्राम्बारों की झांकी पा कर
देखा होगा जब उसी सामर्थ्य का अपव्यय
तब खिलखिला-खिलखिला कर
की तो होंगी अवश्य दिल्लगी भरी बातें
काश हम सब सुन पाते!
काश हम सब सुन पाते!

पिता से

तुम परंपरागत आलोक स्तंभ
मैं सनातन विद्रोही
नव निर्माण को उत्सुक
एक बार फिर
चल ही दिया था मदमाता, अकड़ा
पर तुम्हारी कसमसाहट ने
बढ़ते कदमों को जकड़ा
विवश सोचने लगा
कौन मैं, मेरी शक्ति क्या
क्यों मुझ पर तुम्हारा पहरा
तुम से मेरा क्या रिश्ता?
तब अंदर सोया कुछ जगा
मिला जवाब विश्वास–पगा
तुम्हारी ज्योति से ले ज्योत मिल जलता हुआ
चिराग हूं मैं
पूर्ण विकसित पुष्प हो तुम महकता आश्रित
पराग हूं मैं।
तब भले ही अंधेरों की उदासी मुझे बुला रही
हो

और हवा भी गंध-रसिक कितना ही ललचा रही हो
पृथक कर अपनी लौ तुम्हें मंद हो बुझ जाने न दूंगा
स्वयं हवा में तैर तुम्हें यों ही कुम्हलाने न दूंगा
यदि बढ़ भी चलूं तो
यह व्यथित लौ अकेली भला कब तक टिमटिमायेगी?
दुर्बल गंध मेरी तृषित हवा की प्यास क्या बुझायेगी?

अतः कहोगे तुम मुक्त मन से जब
पुत्र, बुझने की कामना है जगी मुझमें
ले मेरे आलोक को भी अंगीकार कर तू
करता हूं अपनी गंध मैं अर्पित तुझे
जा स्वयं आतुर हवा को वर तू
मैं अब उस दिन का इंतजार करूंगा
तुम से जुड़ा ही तब तक
नव संस्कृति के तार बुनूंगा।

क्या कहिए

गलतफहमियों की क्या कमी, सराबोर हैं आप और
हम
पर कहें जो कि जान गए हैं जिंदगी-ए-हकीकत वो
उनके भ्रम को क्या कहिए?
रातें अंधेरी हैं तो क्या, दिन की रोशनी भी नसीब हमें
पर उठा नहीं सकते पलक रोशनी-ए-बहार में जो
उनके तम को क्या कहिए?
टूटे दिलों के जज्बातों को यादों का सहारा तो मिला
पर की न जिनसे अकेले कोनों में कभी किसी ने
गुफ्तगू
उनके गम को क्या कहिए?

जीतने को जंग तो फड़काते हैं भुजाएं बहादुर-ए-सर
बहुत
पर भांप पहली नजर कि बाजी है हारी हुई
कूदें मैदान-ए-जंग में जो
उनके खम को क्या कहिए?

कुछ शेर

पूछे तो कोई जाकर इससे क्यों धड़कता है दिल
कुचला गया जमाने से, अरे! फिर फड़कता है दिल

* * *

दिल लुटने लुटाने का खेल वे क्या खाक समझ पायेंगे
लुटा कर चार दीनारें जो मन भर आँसू लुटायेंगे।

* * *

चुरा ली है उम्र ने जो गर्मी तुम्हारी
कम-उम्रों से उनकी गर्मी न छीनो।

* * *

यूँ तो जानते हैं हर दर्द का इलाज, हम हकीम हैं पूरे
ली है खुद दवा जो दर्द को और गहरा कर दे।

* * *

गुजरे लोगों के मुर्दा जज़्बात हैं प्यार मोहब्बत,
तोल न इनसे मुझको ए बंदे
उमड़ा है तूफां सा जो दिल में, निरा नया है,
नये शब्द ईजाद कर।

* * *

हुआ है आज हादसा
कि आज कोई हादसा न हुआ।

* * *

सीने पर गमों का इश्तहार चिपकाये फिरते हैं जो मक्‌
कार हैं पूरे
होता गर गम कोई, अब तक अल्लाह को प्यारे होते।

* * *

गुजर जाती हैं यूँ तो जिंदगियां यूँ ही,
याद में डूबा यह वक्त कटता नहीं है
फटने को मचलता है दिल किस कदर,
पर हाय जालिम फटता नहीं है।

* * *

तड़पें जो केवल दिल बहलाने को हम वो शौकिया
नहीं
होती न आग उधर अगर, इधर फफोले न होते।

* * *

बुझा कर आग अपनी वो तो बेखबर हो गये हैं
सोचेंगे क्यों अब कि यह हमारे फफोलों की दवा
नहीं।

* * *

जियो तो जियो ऐसे कि कहे जमाना
थे तो क्या खूब थे, नहीं हैं क्या खूब नहीं हैं।

* * *

चंद शब्द जो बचे हैं

सजा दें तो भला अपने कातिलों को क्या सजा दें
कत्ल किया है पर कत्ल से निरे अनजान हैं वे।

* * *

कसूर क्या उनका जो मिलाया हाथ और बढ़ चले
नादानी हुई हमसे कि हथेली पर दिल थे लिए खड़े

* * *

चेहरे के सैंकड़ों दाग धो आए हम
दिल का एक दाग धुले न धुला।

* * *

वे नजरें झुका कर बैठे रहे
सुन ली हमने दास्तां सारी

* * *

डूबी रहती है क्या मय में जुबाँ उनकी हरदम
खुलना उसका और छा जाता है नशा हम पर

* * *

बहकाया हमको न मद ने न मय ने
तरन्नुम-ए-इश्क में राज-ए-हमदम बता गए

* * *

आजकल न मुस्काते हैं, न ही आहें भरते हैं
चुपचाप बस तेरा इंतजार किया करते हैं।

* * *

बरबादियों बचा नहीं क्या कोई और मेजबान घर
लौट-लौट चली आती हो बार-बार इधर

* * *

शुभ है कितना आज का यह दिन
तड़पें हैं पहली बार तुझे याद कर

* * *

बुझ रही है चिंगारी राख के ढ़ेर में
है क्या साँसों में दम कि दहका लो इसे

* * *

खाक आरजू, खाक तमन्ना, खाक में मिली साख है
तौबा तेरी बेरहमी, यह खाक हुआ नहीं खाक है।

* * *

अशक्त

जितना मैं व्यक्त हूं
उतना ही अशक्त हूं।

अंतर

शीशे के उसी गिलास में
पीता हूं
उसी कुंए का जल
पर कभी तैर जाते
अनेकों मटमैले भद्दे जीवाणु
कभी नजर आता
निर्मल पारदर्शी पानी
तुम्हारी अनुपस्थिति
या उपस्थिति पर निर्भर
यह अंतर।

खूंटी पर टंगा गांधी

बापू का हमने बहुत मान किया
उन्हें बहुत सम्मान दिया
नेहरू जी ने उन्हें गुरु माना
जग ने उन्हें महात्मा जाना
पूज्य पिता भी गांधीवादी थे
मितव्ययता के आदी थे
श्रमजीवी, शिक्षक, बाबू, या फिर व्यवसायी
सब ही तो थे सगर्व गांधी-अनुयायी।

गांधी को अर्पण
करते हैं पुष्पकण
राष्ट्रीय उत्सवों में, जन समारोहों में
मंत्री, नेता, अफसर, जन-साधारण
जो है जितना बड़ा उतना ही ज्यादा
गांधी आज भी उसको याद है
गांधी की शिक्षाएं, उनकी तमन्नाएं
ले रही हों भले आखिरी सांसें
नुमाइश के लिए सबसे आगे गांधीवाद है।

वे जो थे सत्य-अहिंसा के वाहक
स्वतंत्रता संग्राम के सेना नायक
उनके नाम
आज आते हैं उद्धार योजनाओं के काम।

मजदूर आज भी है नंगा
उसका बच्चा भूखा
सरकारी हुंडियों से अरबों-खरबों को
बड़े-बड़े लोगों ने है
सरलता से लूटा
गांधी कुचला गया है बेकाबू भीड़ में
पर उसका नाम है
एक कारगर सुंदर मुखौटा।

सत्य कोई मार्ग नहीं, न ही दिशा
नहीं जीवन-शैली, न ही कोई दर्शन
सत्य है एक उपलब्धि
गांधी थे कभी जीवित
(जन-मानस में भी)
थे कभी प्रासंगिक
अब हैं मात्र एक तस्वीर
खूंटी पर टंगी।

कविता में आधुनिकता

वो उन्हें समझा रहे थे
किसी अखबार वाले को जानते हो?
किसी अनाउंसर को पहचानते हो?
प्रतिभा तो बहुत है बेटा तुममें, पर अब
जानना भी होगा, पहचानना भी होगा
आगे बढ़ने की अभिलाषा है वत्स, तो
किसी को अपना बॉस मानना ही होगा।

मैं पूछ बैठा,
किस व्यापार की बात करते हैं आप?
वे ठहाका मार कर हंस पड़े
और लगे कहने,
यह कविता करने लगा है।

बोला मैं सकपकाया सा,
खोया बौराया सा,
मैं कवि नहीं, पर सुना है
कविता तो इनसे अलग है, ऊपर है,
अपेक्षा होती है उसे दर्दों की, घावों की,

शब्दों की, बिम्बों की, भावों की,
फिर यह जानना पहचानना कैसा?

इस बार सम्मिलित ठहाका गूंज उठा,
किस जमाने में घूम रहे हैं साहब,
जान पड़ता है आप हैं बिल्कुल अनजान
जानते नहीं जो इतना भी
कि बिन जान-पहचान
आधुनिक कविता है
गूंगी औ बेजबान।

अंतर

शीशे के उसी गिलास में
पीता हूं
उसी कुंए का जल
पर कभी तैर जाते
अनेकों मटमैले भद्दे जीवाणु
कभी नजर आता
निर्मल पारदर्शी पानी
तुम्हारी अनुपस्थिति
या उपस्थिति पर निर्भर
यह अंतर।

प्यार

किसी दुर्घटना में खो दूं
अपनी सुन्दर आंखें
और क्षत-विक्षत हो जाये
अपने ही इतिहास की कालिख से रंगा
मेरा मुस्कराता चेहरा
तब कहूं करूं ऐसा कुछ
कि कहीं किन्हीं होठों पर थिरक जाये रेखा
स्मित की
पनीले हो आयें नयन
यूं ही मेरा ख्याल कर
तब समझूं
मैंने इस जग से कुछ लिया दिया
किसी ने मुझसे प्यार किया।

समानांतर

हम को जाना है
दूर
बहुत दूर
धूप में तपते
बारिश में भीगते
सर्द काली रातों को जगते
समानांतर

उठाएंगी सिर तमन्नाएं
बढ़े जाएगी मिलन की अकुलाहट
घिरे कठोर बजरी से लेकिन
हम
चलते रहेंगे
समानांतर
गुजारना है हमें क्योंकि
अपने कंधों पर सुरक्षित
आगे दौड़ता
एक पूरा जमाना

बने रहेंगे समानांतर
तुम और मैं।

बंद कमरों के अंदर

विशाल
वृत्ताकार हाल
परिधि के साथ-साथ बनी हैं कोठरियां
प्रत्येक कोठरी में दो द्वार
जिसमें भीतर की ओर
पड़ा है
जंग खाया मोटा ताला
वह खुलता है बाहर
और सांझे अहाते में
दरवाजा पीछे वाला
खुलती हैं व जालीदार खिड़कियां।

इन बंद कमरों के अंदर
एक छोर से दूसरे छोर तक
लगाते रहते हैं चक्कर
हम अक्सर।

चिटखनी खोल
मैं घूम आया हूं अहाते में

झांक आया हूं खिड़कियों से
सुन ली हैं आहटें
देखी हैं हरकतें
भांपते हुए फुसफुसाहटें।

जानता हूं इसी से
जारी हैं
आसपास की कोठरियां हड़पने की साजिशें
क्योंकि समारोहों में मिलता है
उतना ऊंचा मंच
बीच के अंधे कुएं में
डालता है कोई जितनी लाशें।

देखे हैं
अहाते में घूमते
वे चेहरे मुझाये
जिन्होंने दी थीं दस्तकें
पर खुले नहीं दरवाजे
और जोड़े वे
जो बेधड़क यार की कोठरी में घुसते हैं
कहां? क्यों? कैसे? क्या?
इस सबसे बेपरवाह
और मुझ से

जो अनजान के लिए दरवाजा खोलते डरते हैं
इसीलिए मारे-मारे फिरते हैं
सुनते हुए आहटें
देखते हुए हरकतें
भांपते हुए फुसफुसाहटें।

मिला हूं उस चित्रकार से
जिसकी कहानी
उसकी जबानी:
'बाहरी हवा के दाब से उत्पन्न-
झिरी से झांक
जिस दिन देखा था
वह प्रकाश पुंज
जिसका ही अंश
खिड़कियों से छन-छन कोठरियों में आता है
हम धरती के प्राणी सही
पर पाताल के गर्त से
हमें बचाता है
तब से अक्सर
इस जंग खाये ताले से लड़ता हूं
असफल हो सिर पटकता हूं
छटपटाहट में

अकुलाहट में
ये चित्र रंगता हूं
तुम पहले आदमी हो
जिसने इस कुटिया का दरवाजा खटखटाया है
वरना खिड़की से झांकतों को
इन चित्रों ने दूर ही भगाया है।'

कोठरी, दरवाजे, खिड़की,
वे चित्र,
जंग खाया ताला भी
सभी रहेंगे
पर सहसा एक दिन
केवल चित्रकार होगा विलीन
कहां? कैसे?
यह रहस्य
मैं नहीं जानता
पर जानता हूं

तब होगा
उस कोठरी का पोस्टमार्टम
और प्रबन्ध आर्टिफिशियल लाइटिंग का
चित्रों की उस प्रदर्शनी के लिए
जिसमें चौंधिया भर रह जाएंगी आंखें।

जानता हूं
क्योंकि मैंने सुनी हैं आहटें
देखी हैं हरकतें
भांप ली हैं फुसफुसाहटें।

दिल क्यों छोटा करते हो दोस्त!
कोठरी, अहाता, हाल
सब बंद कमरे हैं।
हैं हम सब हम-पेशा
बंद कमरों के अंदर
चक्कर लगाना
नियति हमारी है।

एक आदमकद दर्पण

ऊपर एक टुकड़ा आसमानी
सामने फैला मनोहारी झील का पारदर्शी पानी
बीच की दूरी अनजानी
दिल को महकाते रंग बिरंगे सुमन
मंद-मंद बहता पवन
पंछी चहचहाते मुक्त मन
इतना यह सब
और मेरे साथ खड़ी तुम
इतने इस सब के लिए
आदमकद केवल
एक दर्पण!

तुम में प्रतिबिम्बित
घनीभूत हुआ यह सब
कितना निजी है, कितना पास है
यह समय किता खुशगवार है
बेशक
प्रतिबिम्ब है प्रतिबिम्ब
पकड़ के अधिकार से सर्वथा बाहर है।

दीप जला दो

तुम्हीं एक दीप जला दो।
छाया चारों ओर अंधेरा
दूर बहुत है अभी सवेरा
किरण बन तुम मुस्का दो।

अंतहीन दु:खों के ये घेरे
सिसक रहे हैं आंसू मेरे
एक पल धीर बंधा दो।

भटका बहुत वन कानन
महका नहीं पर मेरा मन
तुम्हीं एक फूल खिला दो।

कल्पनाएं हुई बदरंग,
बुझ गई है हर उमंग,
तुम्हीं तस्वीर बना दो।

फड़फड़ाते नहीं कहीं पर
कुंठित हैं सब स्वर
प्रभाती पुलकित गा दो।

तिमिर से क्यों भय खाऊं?
किरण की आस लगाऊं?
तुम्हीं घन तिमिर मिटा दो।

दर्शन-बोध

भटक रहे हो
नर्म-नर्म गलीचों पर
जगमगाते फानूसों तले?
ढूंढ रहे हो
इस मिथ्या-संसार में?
भव्यता के अम्बार में?

पर वह
किसी अंधेरे कोने में आनन्दित है
किसी श्रमिक के पसीने में प्रवाहित है
वह अपरिभाषित तो
किसी दुखिया के
करुण क्रन्दन में परिभाषित है।

महत्वाकांक्षी मैं

महत्वाकांक्षी मैं
ज्यों-ज्यों अपना विस्तार किये जाता हूं
कैसी विडम्बना है
अपनी ही धरती से कटा हुआ,
कर्मों की भीड़ों में घिरा-घिरा
हाय
अर्थहीन जिये जाता हूं!

अंधकार

परिव्याप्त
सन्नाटा, अंधकार!
अंधेरे में बैठा कोई
देखा करता है मेरे कर्मों-अकर्मों को लगातार।
वे आंखें
तिमिर की परतों के पार भी
देखने में निपुण और अभ्यस्त,
दीख जाता है उन्हें सभी कुछ स्पष्ट,
पर हाय मेरा अज्ञान!
तिमिर में छिपा हुआ
मेरे लिए अज्ञात, अनजान!

गुमशुदा

(1)
अरे, दो मत इश्तिहार
करो नहीं चर्चे
बांटो नहीं पर्चे
मेरे गुमने के
छिपा हूं मैं जो
किसी की भीगी पलकों पीछे
धड़कनों नीचे
करो न प्रयत्न
किंचित मुझे खोज लाने का
इनाम पाने का।

(2)
अरे ओ अखबार-नवीसों
दूरदर्शन, आकाशवाणी,
पुलिसकर्मियों और जासूसों
मालूम नहीं तुम्हें क्या
हूं मैं खोया हुआ
आभूषणों से लदा

अहम की गर्द से ढंका
संकुचित दृष्टि में बंद

हूं बहुत परेशां
चीखो चिल्लाओ, भागो-दौड़ो
शोर मचाओ
मुझे ढूंढ निकालो
वाह-वाह लूटो, शाबाशी पाओ
गुमशुदा मैं
हूं बेबस
मिलने को
एक स्वच्छ दर्पण में
अपने नग्न प्रतिबिम्ब से।

दो शब्द चित्र

1

गोल-गोल मुखड़ा उसका
सुंदर सुडौल दो हाथ
एक हाथ से चलाता लकड़ी को
दे रही जो टाँग का साथ।

कंधे पर था झोला और
झोले पर दूसरा हाथ
पर मन में दृढ़ निश्चय उसके
बीमार पत्नी की दवा ले जानी है
बच्चों के लिए खाना जुटाना ही है
जब पैदा हुआ हूँ तो
मुझे भी
अपना कर्तव्य निभाना ही है।

इसीलिए चलता जाता था
वो अपाहिज
चलता ही जाता था।

2.

देखो कैसे सक्रिय हो उठे
वो सदा निश्चल हाथ
गति हो उनकी मानो
केवल पत्तों के साथ।
आशा से चमक उठी हैं
वे धंसी हुई आँखें
करने न पड़ेंगे अब शायद
दुःखदायी मनहूस फाकें।
पर हाय, बेशरम किस्मत ने
फिर दगा दिया
वो बेचारा आज भी
लुट उठ चला।

रोयेगी बीबी
भूखी बच्ची बिलबिलायेगी
क्या करे वह?
जठराग्नि स्वयं उसे झुलसायेगी।
कर रहा इंतजार
आयेगी कब उसकी बारी
जुए को ही समर्पित
वाह रे बाँके जुआरी।

चलो माना जीवन है एक जुआ
पर जुआ नहीं जीवन
हे सुंदर तन, हे सुंदर मन
बंद करो अब यह भटकन।

शब्द

कवि ने गीत गाया
शब्दों से फूटी रश्मियां
रश्मियों की रिमझिम में
मैं जी भर नहाया
चलते-चलते अचानक ही
मस्तिष्क में प्रश्न उभर आया
क्यों न मैं आलोक को अपना लूं?
ज्योति गीत गा लूं?
और मैं कवि बन गया।
शब्द मेरी तूलिका हैं, रंग हैं।
कोरे सफेद कागज पर
अदृश्य चित्र आंकता हूं
आंक कर मिटाता हूं
कल्पना के बिम्बों में
यों ही खो जाता हूं।

दर्पण में

संध्या के झुटपुटे में
यों ही दर्पण में झांक
देखता हूं उगते हुए बालों को
जो रात्रि के अंधकार में और घनीभूत हो जायेंगे

सुबह के उजाले में
नव-दिवस के आभास से विवश हो
मैं फिर शेव करूंगा।

दम्भी

इतनी गर्जना के साथ
तुम जो क्षण भर के लिए
बादलों में चमकीं
इसका उद्देश्य क्या था?

इसके अलावा
कि तुम मेरे चारों ओर फैले
मकानों, पेड़ों को चौंधिया दो
सड़क किनारे खम्भे से लटकी
मुझ तुच्छ ट्यूब-लाइट की
क्षुद्रता का अहसास करा दो
मात्र इतना ही।

क्योंकि बरसात की इस अंधियारी रात में
पथ ने तुमसे कुछ नहीं लिया
रहा बस मेरे सहारे
रात भर आलोक उसे
मैंने ही दिया।

वही सड़क है

वही सड़क है
राहगीर भी वही।

मगर सड़क के दोनों ओर
कटते जा रहे हैं
छायादार पेड़
उठती आ रही हैं
जगमगाती दुकानें
और ललचाते दुकानदार
जिनके अनजाने
नदियों के भीतर ही भीतर
बढ़ता आ रहा है ज्वार।

ये लोभी
वधिक हरियाले तरुओं के
जानते नहीं हैं
बाढ़ की रफ्तार!

दीवाली

अपने घर का कूड़ा-कर्कट
बाहर गली में फेंक
हमने की सफाई
और दीवाली मनाई
खूब दीवाली मनाई।

यह जहां क्यों है

बंद हैं नयन तेरे
तो फिर यह सागर क्यों है?
उड़ता मचलता नहीं आंचल तेरा
बहती बयार क्यों है?
पायल की छमछम न चूड़ियों की खनखन
यह तमाम शोरे-गुल क्यों है?
रही न बाकी मुस्कान तेरी
फिर यह सवेरा क्यों है?
नहीं तू जो पास मेरे
सांझ करती बसेरा क्यों है?
रुक गई है जो धड़कन तेरी
रुकता नहीं समां क्यों है?
तू नहीं जहां में अब जो
यह जहां क्यों है?

चेष्टाएं

मेरा तुम्हारे समक्ष यूं मूक बैठ जाना
अन्यथा न लेना
यही तो है पराकाष्ठा
मेरे द्वारा
तुम्हें पाने को की जा रही
अनन्य अनन्त
चेष्टाओं की।

अनुत्तरित प्रश्न

तुम हो
एक प्रश्न
अनुत्तरित
स्वर्ग और धरा के बीच
केवल मात्र अनुत्तरित प्रश्न
खोजी हूं मैं
खोजे हैं अनेक उत्तर
तुम्हारी एक-एक मुस्कराहट को
दिये हैं शत-शत अर्थ।
तके हैं
तुम्हारे मांसल उभार
श्वेत जंघाएं
नर्म होंठ
अपनी आदिम दृष्टि से
तुम्हारी पुतलियों में झांक
हुआ हूं विस्मृत
उलझ कर रह गई हैं
केश राशि में
मेरी कितनी ही वासनाएं
की हैं

तुम्हारी धड़कनों से तरंगित
निज शिराएं
किया है तुम्हें
अनन्य अलंकारों से अलंकृत।

एक प्रश्न
उत्तर अनेक
फिसली है चूँकि मुझसे
प्रश्न की सही पकड़
स्वयं बन उत्तर
पहुंचाती जो मुझे स्वर्ग पर।

लो
मैं हठी
मैं अभिमानी
करता हार स्वीकार
जानती हो क्या तुम
बतलाओगी क्या
दिखलाओगी क्या
निज अछूता सार-संसार!

याद एक सुंदर हकीकत

याद है
एक हकीकत
आकृतिहीन नहीं वायव्य
अपितु ठोस धरती से उगी
कोंपल कोमल

कौर उठाते हाथ से बेहतर होता है
भरपेट तृप्ति का अहसास
तुम हो कहीं
मैं कहीं दूर
नहीं कोई रिश्ता नाता
पर तुम्हारी आंखों में
उस क्षण तैर आया
वह मौन स्वीकार
अब मेरी धरोहर है
याद एक सुंदर हकीकत है।

निठारी-कांड

बड़े साहब ने ट्रांसफर आर्डर पर मुहर लगाई
चहेते और सेवक अफसर को उसकी मनपसंद जगह
पहुंचाया
कर्मठ व ईमानदार, पर अनचाहे को (जैसे) सजा सुनाई।
अफसर महोदय ने टेंडर फाइनल कर कुछ पैसा कमाया
सही व सस्ते आफर में ढूंढ़ निकाल कुछ नुक्स, ठोंकी
अपनी पीठ
दोस्त ठेकेदार को महंगी दरों पर काम दिलाया।

पप्पू की बड़े गप्पू ने की पिटाई
पप्पू शिकायत ले दौड़ा पापा पास आया
पापा थे कुछ बिजी
झट पप्पू को ही एक थप्पड़ जमाया।

जांच ऐजेंसियां और विजिलेंस ब्रांच
घोटालों और अरबों की संपत्तियों की अब करने निकले
जांच
जब हो रहे थे घोटाले, भरी तिजोरियों में लग रहे थे ताले
थे वे बैठे एअर-कंडीशंड दफ्तरों में आंखों पर काला
चश्मा डाले।

मरणासन्न पत्नी के बगल सूखे आंसू ले बैठा था कलुआ गंवार
'चैरिटी हास्पिटल' में आपरेशन को नहीं जुटा पाया था तीस
हजार।

सरल सरला मायके से हो विदा
अरमानों भरी ससुराल आई
सेवा भाव से सब कार्य किया
पर सासु-मां की फटकार खाई।

हैं केवल कुछ नमूने, सूची है बहुत लंबी भाई
जिससे बनी जैसी
मनमानी की वैसी
आगे नहीं थी कोई सुनवाई।

अचानक दूरदर्शन ने एक रोज समाचार दिखाया
कहीं किसी सिरफिरे ने बच्चों का कर कत्ल
था थोड़ा मांस खाया
सब में बहुत रोष था, छोटे हों या बड़े
बड़े साहब, अफसर, पापा, सासु-मां
सभी तो थे झंडे लिए खड़े।

मैं कुछ समझ नहीं पाया
इन सबको अब क्यों गुस्सा आया?

दुनिया बहुत बड़ी है

बचपन में सीखा था
उत्तर से दक्षिण तक
पूर्व से पश्चिम तक
विशाल पृथ्वी है।
इस पर
ऊंचे-ऊंचे पहाड़ और मीलों गहरे सागर,
भांति-भांति के असंख्य प्राणियों का वास,
विज्ञान दिखाता है नित्य नये चमत्कार,
और मैंने समझ लिया था
दुनिया बहुत बड़ी है।

लेकिन जब तुम मिले,
तो अहसास हुआ कि यही पृथ्वी है।
मैंने तुम्हारी त्यौरियों में चट्टानें,
आंखों में सागर देखा।

मुझे महसूस हुआ
मेरी दुनिया सिमट कर बहुत छोटी हो गई है
और मैं इसमें जकड़ा गया हूं।

तब एक दिन
जब तुमने ही कहा
'पगले कहां खो गए हो?
दुनिया बहुत बड़ी है।'
उस दिन...
हां उसी दिन
मैं मीठे सपने से जाग उठा
और मुझे स्मरण हो आया–
ए दोस्त, दुनिया बहुत बड़ी है।

तुम आये थे तूफान

तुम आये
तुम आये थे तूफान
मैं सागर लहरी
बनी तुम्हारा अंग
कटी मैं कूल किनारों से
दूर सागर-सहारों से
नहीं रहा वह सहज सागर-जीवन
तुम आये थे तूफान।

इठलाती उमड़ती थी
उन्मादित गरजती थी
छूती आसमान
तुम आये थे तूफान।

वो मधुर आगमन तुम्हारा,
वो वज्रपाती गमन
मैं अब गड़ही का जल
निश्चल
देखा करती हूं
शांत सागर विस्तृत
प्रफुल्ल लहरियां।

तुम आये थे तूफान
हां, तुम आये थे तूफान!

मीडिया

मेरे देश का
मुखर इलेक्ट्रॉनिक मीडिया
हड्डियों की टोह में
सड़कों को सूंघती
उन पर घूमती
टाँगों में दुम दबाये
एक कुतिया।

हड्डियाँ चबा चबा कर
फैंकने वालों के सामने
जा बैठती
दुम हिलाती।

क्या जवाब दूंगा

आज शाम उदास है

यूं तो हमेशा ही उदास रहती आई है शाम

पर कल मैंने उससे वादा किया था

बस, बहुत हुआ

अब मैं अकेला न रहूंगा

होगा मेरा-तुम्हारा साथ

खिल उठेगी शाम

सूरज भूल जायेगा थकान

मैं शाम की उदासी हर लूंगा।

आज फिर मैं अकेला हूं

नहीं हो तुम

है अहसास

आओगी भी कभी न अब

रहूंगा अकेला सदा

अपने को समझाना कौन मुश्किल है

समझ गया है दिल

मैं हूं केवल एक मानव-पुत्र

मानव-पुत्र अक्सर यों ही हारा करते हैं
दिल को समझाना कौन मुश्किल है
लेकिन हैरान हूं
उदास है जो यह शाम
इसे क्या जवाब दूं
दिन-ब-दिन गहराती जायेगी जो उदासी
उन अश्रु बहाती शामों को
क्या जवाब दूंगा?

हर दर्द से बड़ा

यूं तो छिपे हैं
रात के सीने में
जमाने भर के दर्द
भारी बूटों की पदचाप से सहमी मौन सड़क
चमचमाते चाकुओं से भयभीत चीत्कार
लुटे हुए लोग, लुटते बाजार
बेबस अबलाओं की गूंजती सिसकार
पर जमाने के हर दर्द से बड़ा है
रात का अपना दर्द

रात ने किया है सूरज से प्यार।

पद-दलित

यों ही नजर पड़ गई
जर्जर चप्पलों के जोड़े पर
कांतिहीन पॉलिश
पैरों के स्पष्ट निशान
कालिमा लिए हुए
तले घिसे हुए
उखड़ा चमड़ा
कुछ टांके टूटे हुए।

'अभी तो चलेंगी'
उन्हें पैरों में डाल
मैं चल दिया बाहर।

अभी तो चलेंगी
जब तक इन बेजानों में
किंचित भी प्राण शेष हैं

अभी तो चलेंगी
जब तक इन्हें
परम्परा का ध्यान शेष है

अभी तो चलेंगी
जब तक
रौंदे जाने का अज्ञान शेष है

ये पद-दलित

बेबस, मूक, निर्वाक।

मां तूने भी तो

ये राजमहलों के लौह दरवाजे और चट्टानी दीवारें,
झेलीं जिनके लिए मासूम निरीह प्राणों ने तलवारें।
इधर मदिरा-प्यालों की खनक और नुपुरों की झमझम
उधर रनिवासों में बिलख-बिलख मुझाते नव-कुसुम
ध्यान मात्र से जिनके सुलग उठता है तन-बदन।

जनतंत्र के झीने पर्दें के पीछे
आज फिर वही राजभवन।
राजसत्ता के इशारे से हो रहा जहां
नंगे भांडों का नंगा नर्तन,
प्रफुल्ल हृदय, हो मगन, स्वाभिमान भग्न
देख रहा जन-जन।

मां तूने भी तो यह मन्नत मांगी थी:
बने लोकतंत्री सम्राट मेरा लाडला रत्न।

तूने यह मन्नत मांगी क्यों मां?

मकड़ियां और डायर

मेरे कमरे के एक कोने में
जाला बनाए हुए मकड़ियों की गुस्ताखी
मैं सहन न कर पाया।

था मेरा डंडा
और वे निरीह मकड़ियां। खतरा भांप
शांत मकड़ियों ने
इधर उधर भागने की चेष्टा की थी।

पर मुझे भय था
भाग निकलीं तो फिर
किसी कोने में डेरा जमायेंगी।
अधिकांश कुचली गई थीं
और
मुझे अच्छी तरह याद है
मैं साबुन से सिर धो नहा
एक गीत गुनगुना
निश्चिंत हो गया था।

13 अप्रैल, 1919 की शाम
जनरल डायर ने भी शायद
घर जाकर
बच्चों को बहुत प्यार किया होगा
शायद।

थोड़ा सोच कर

शब्द
थोड़ा सोच कर बोलो
कर्म
थोड़ा सोच कर करो
आज के शब्द
आज के कर्म
शायद तुम्हारे आखिरी शब्द
आखिरी कर्म हों

किसने देखा है
तुम्हारे लिए
कल हो या न हो।

प्रदूषण

कहां वे
चौपालों के मस्त ठहाके
अपने से बाहर
स्वच्छ हवा में विचरते
अल्हड़ विचार।

कहां यह पार्टियों की
खिसिआई-रुआंसी हंसी
चुने शब्दों में छिपे तीखे बाण
बेमतलब समस्याओं में उलझे प्राण
दिलों में बहुत घुटन है।
वायु प्रदूषण से अलग,
इन शहरों में एक और भी प्रदूषण है,
अधिक स्थायी
अधिक दुःखदायी।

विकलांग

विकलांग वर्ष में
एक विकलांग को
पुरस्कार देते हुए
जब उनकी नजर पड़ी
उसके दमकते आनन पर
और उस दर्पण में
नजर आया
अपना मुस्कान ओढ़ा चेहरा
व नपी-तुली भंगिमाएं
अनुभव अन्यून

बोध हुआ
अपने मुड़े-तुड़े अंतर का
सोचने लगीं
क्या कभी कोई
उनकी विकलांगता को पहचानेगा?

तलाश

रंग बिरंगे गुलाबों की कतार
बह रही सुगंधित मादक बयार
दिल बाग-बाग
नशीले उच्छ्वास
स्मरण हो आया किसी किसी को
पहला-पहला प्यार।

पर देख दूर एक सूखी डाली को
खोज उठी हैं आंखें मेरी
इस फुलवारी के बूढ़े माली को।

वृद्ध विधुर से

इन फूली नसों में
कितने अनुभव संचित!
चेहरे की सलवटों में
कितने भाव गुम्फित!
त्वचा पर फिसलती
मीठी यादों की चिकनाई।
जोड़ों की ऐंठन बनती
दिन भर ही तन्हाई।
पहले-पहले पलकों का उठना तो याद नहीं
पर है याद क्या
डगमग-डगमग चलना
कभी रोना, कभी हंसना, तुतलाना
खेल-खेल में खिसियाना
है याद क्या?
मां का कोमल प्यार
बड़े बूढ़ों की पुचकार।

फिर जग है क्या? मैं कौन?
खोजते रहे उत्तर तुम मौन।

तब मीठे सपनों ने ही दुलारा,
दो झुके नयनों ने आ उबारा,
दिन बीते कि युग बीते
कुछ ज्ञान नहीं
घूमे साथी के संग कहां-कहां
कुछ ध्यान नहीं।

वज्रपात कर तुम पर वह कर गई गमन
हुआ तुम्हें उड़नतश्तरी-सा सत्य-दर्शन!

उस एक अनजाने पल से
मौन, बस महामौन रहा तुम्हारा परिवेश
टूट चुके हैं धागे सब बंधन के
मगर महीन डोर एक फिर भी शेष!

ठूंठ

हरे-भरे उपवन में खड़े,
हे निर्जीव वृक्ष,
क्यों नहीं तुममें जीने की उमंग?
क्यों नहीं तुम्हें झड़ जाने का गम?

विभिन्न रंगों में सजा,
खुशबुओं से महकता हुआ,
यह छबीला उपवन!
फिर भी क्यों बहक नहीं जाता तुम्हारा मन?

तुम यथार्थ में हो मृत
या जी रहे अतुल जीवन?
हवा के इशारे से नाच रहे फूल-पात
तुमने न मानी पर उससे कभी हार
रे हठीले ठूंठ!

उखड़ जाओगे मौत के अंधड़ में
तुम भी एक दिन
पर जीते जी तुम पर
केवल तुम्हारा अधिकार।
वाह रे, गर्वीले ठूंठ!

क्षुद्र यत्न

दस से पांच दफ्तर
ब्रेकफास्ट
लंच
डिनर
रुपये सात सौ गिनकर।

गतिशील कांटे घड़ी के
नाचता यह जीवन
विराट पर नियंत्रण का
कितना क्षुद्र यत्न!

उधर हल चलाता किसान
कहता होगा साभिमान
सूरज चांद तारे
मार्गदर्शक हमारे
सारा वैभव खोकर
मिट्टी का ही होकर
मैं रहा प्रकृति का चिर सहचर!

वर्षा के बाद

धूल को बहा कर
मुझ को नहला कर
पावन कल्पना का
पुनीत हठना का
एक मेघ अभी बरस गया है।

मिट्टी की बुझी प्यास
सब निर्मल आसपास
ऐसे में भी
प्रश्न एक हृदय को परस गया है।

क्या फिर उठेंगे न बगूले?
सूखेंगे न मृत्तिका कण ये फूले?

इसी से अनचाहा कुछ
मुझे दरस गया है।

अंत कहां है

गुफा का आदि मानव मैं
गुहा द्वार पर सूरज की झलक पा एक रोज
करने निकला उसकी खोज
पर्वत नाले लांघता
अनन्त को अधिकाधिक पहचानता
बढ़ता चला आ रहा
स्वयं को सुसम्पन्न ज्ञानी मानता।

पर जब कभी सूनी रातों में
यह विस्तृत मरु
मौन वृद्ध तरु
शांत सरोवर का जल
पगडंडियां निश्चल
मुंह फेर-फेर मुस्कराते
मुझ अभिमानी को चिढ़ाते
'रे तेरी शिक्षा का अन्त कहां है?
देता है नित्य तू परीक्षा
उस परीक्षा का अन्त कहां है?'

एक निष्ठ कदम उठाता
मैं हड़बड़ा जाता
और मेरा विश्वास
लड़खड़ा-लड़खड़ा जाता।

बाजार

मैं अपने टोकरे में
सच भर
जा बैठा
दुनिया के बाजार।
देर शाम
लौटना पड़ा
उठाये भारी टोकरा
भरे मन
थके पाँव।

झूठों से भरे टोकरे लिए
आए थे जो बाजार
खाली टोकरे लिए
प्रफुल्ल मन
लौट रहे थे अपने घर द्वार

झूठ के थे सैंकड़ों
सच का न
एक खरीदार।

लोग

लोग

लोग
गीता सार
'क्या लेकर आये थे, क्या लेकर जाओगे?
जो आज तुम्हारा है
कल किसी और का था,
कल किसी और का होगा'
सुनते रहे सुनाते रहे
पढ़ते रहे पढ़ाते रहे
उसे फ्रेमों में मढ़
घरों की दीवारों पर लगाते रहे।

वही लोग
नित्य
अधिक मुनाफा कमाने के लिए
अपना-अपना बैंक बैलेंस बढ़ाने के लिए
अंधाधुंध दौड़ते रहे
तिकड़में भिड़ाते रहे।

भगतसिंह को ढूँढ़ती आँखें

भगतसिंह
आज भी कई जोड़ी आँखें तुम्हें ढूँढ़ती हैं।

जब मंचों पर
जाने माने सफेदपोश लुटेरों को
नित्य मालाएँ पहनाई जाती हैं
जब अखबारों की सुर्खियों और टी.वी. चैनलों से
उन्हीं लुटेरों की नसीहतें
दिन-रात
हमें पढ़ाई और सुनाई जाती हैं
तब भगतसिंह
बहुत आँखें तुम्हें खोजती हैं
पर इतिहास में दफन तुम
कहीं नजर नहीं आते।

ऐसा नहीं है कि अब तुम पैदा ही नहीं होते
हाँ, अब तुम्हें फाँसी देने के लिए
किसी हुकूमत की जरूरत नहीं।

फर्क इतना है बस कि
उभरो तुम
इससे पहले ही
तुम्हें पागल करार दे
तुम्हारे ही पड़ोसी
पत्थर मार-मार
तुम्हारी लाश बिछा देते हैं

पैदा होते हो तुम अवश्य
मगर
खोजती आँखों को
इसीलिए
अब कहीं नजर नहीं आते।

आशा

अमावस की रात को
चलती रेलगाड़ी की खिड़की से झांकता
बाहर ओर छोर हीन अंधकार में
आंखें फैलाये मुसाफिर
साथ लिये चलता
एक जमा हुआ विश्वास
स्टेशन से पहले
आगे कहीं
किसी रोशनी के अस्तित्व का।

अनजान अभिमन्यु को

अभिमन्यु पैदा हुआ था
अभिमन्यु
पैदा होते रहेंगे
भले ही
सदियों में एक-आध
कोई बदल नहीं पायेगा
उनका स्वभाव।

कौरवों के चक्रव्यूह
और जयद्रथ
सदैव उनका इंतजार करेंगे
चक्रव्यूहों में फंस
वे हमेशा मरेंगे।

अभिमन्यु व अभिमन्यु के बीच
फिर भी अंतर होगा।

किसी की शौर्य-गाथाएँ लिखी जाएँगी
कोई रहेगा
अनजान
सर्वदा।

इंतजार

कवि कब तक खुद को झुठलाते रहोगे?
झूठी दिलासा दे स्वयं को बहलाते रहोगे?
इन मुर्दों को कोई तानसेन जिला नहीं पायेगा
इन मृत शरीरों को कोई शब्द हिला नहीं पायेगा
यह मात्र मुर्दों का प्रदेश है
यह मात्र मुर्दों का देश है।

अपने शब्दों को न यूं बेकार करो
कविता को कर मौन
बस नव-सृष्टि का इंतजार करो।

अकेला

छूटा पीछे रेला
यहां मैं अकेला
बहुत अकेला।
फिर भी मिट्टी की नर्माई से
पेड़ों की हरियाई से
झांक-झांक
नीरव गहराई से
कोई हल्के-हल्के मुस्करा जाता है
मुझ से मैं को चुरा ले जाता है
'बढ़ा चल पथिक किंचित् न डर
अकेला नहीं है तू
तेरे साथ चल रही एक लम्बी डगर।'

मेरे शब्द

मेरे शब्द
मेरे तमाम शब्द
मौन के महा-समुद्र से
छिटकी
एक बूँद।

समय शाश्वत है!

लोग कहते हैं
कहते रहते हैं लोग
बदल रहा है समय
समय बदल गया है
समय मुस्करा भर देता है।
अभी गर्मी
फिर बारिश की फुहार
कभी बसंत
कभी शीत की मार
सूरज डूबना
चाँद निकलना
हैं केवल बदलाव (समय के नहीं)।

गर्दन झुकाये
चारा खाते पशुओं में
सभ्यता के नकाब-पीछे
छिपे जंगली कानूनों में
चूहे को पंजे में दबाये
उड़ती चील के पंखों में
रातों में चादरों के अंदर
होती सरसरहाटों में
समय शाश्वत है।

थके हुए विद्रोही से

'मैं विद्रोह कराने आया हूँ
विद्रोह करा कर जाऊँगा'
की उद्घोषणा करने वाले विद्रोही
मैं समझ सकता हूँ तुम्हारा संत्रास

लोग सब अपने-अपने घर चले गये हैं
सब वैसा ही है
या अधिक बदतर
और हार के अहसास तले दबे
एक हीन-भावना से ग्रसित
अकेले रह गये तुम
पीड़ा के अतिरेक से
छटपटा रहे हो।

तो सुनो विद्रोही
तुम हारे नहीं हो
सच्चा विद्रोही हार ही नहीं सकता
तुम जीत गये थे उसी दिन
जब तुम्हारा कण-कण पुकार उठा था

'मैं विद्रोही हूँ
विद्रोह कराने आया हूँ
विद्रोह करा कर जाऊँगा'

तुम हारे नहीं हो
सिर्फ थक गये हो।
कुछ पल आराम करो
विद्रोह को अभी भी
तुम्हारा इंतजार है।

चंद शब्द जो बचे हैं